Rua Clara Vendramin, 58 . Mossunguê
CEP 81200-170 . Curitiba . PR . Brasil
Fone: (41) 2106-4170
www.intersaberes.com
editora@editoraintersaberes.com.br

O selo MiniSaberes está vinculado à Editora InterSaberes Ltda.

Conselho editorial Dr. Ivo José Both (presidente)
                   Drª. Elena Godoy
                   Dr. Nelson Luís Dias
                   Dr. Neri dos Santos
                   Dr. Ulf Gregor Baranow
Editora-chefe Lindsay Azambuja
Supervisora editorial Ariadne Nunes Wenger
Analista editorial Ariel Martins
Preparação de originais Tiago Krelling Marinaska
Capa e Projeto gráfico Carina Hadlich Cardoso
Ilustrações André Figueiredo Müller

Dados Internacionais de Catalogação na Publicação (CIP)
(Câmara Brasileira do Livro, SP, Brasil)

Gasparello, Anvimar
    Era uma vez: urgente!/Anvimar Gasparello. [et al.]. Curitiba: MiniSaberes, 2013.

    Outros autores: Deyse Campos, Isabel Lombardi, Marcos Meier.
    Bibliografia.
    ISBN 978-85-66983-00-5

    1. Literatura infantojuvenil I. Campos, Deyse.
II. Lombardi, Isabel. III. Meier, Marcos. IV. Título.

13-06232   CDD-028.5

Índices para catálogo sistemático:
1. Literatura infantil   028.5
2. Literatura infantojuvenil   028.5

Foi feito o depósito legal.
1ª edição, 2013.

Informamos que é de inteira responsabilidade dos autores a emissão de conceitos.
Nenhuma parte desta publicação poderá ser reproduzida por qualquer meio ou forma sem a prévia autorização da Editora Ibpex.
A violação dos direitos autorais é crime estabelecido na Lei nº 9.610/1998 e punido pelo art. 184 do Código Penal.

Anvimar Gasparello
Deyse Campos
Isabel Lombardi
Marcos Meier

Era uma vez: Urgente!

Número 0001   Reino Encantado, 30 de fevereiro de 2013   Tiragem: 999.999

EDITORIAL

Era uma vez, o mundo real, onde as histórias são contadas. O mundo real é onde a fantasia e a realidade brincam juntas. Uma sonha os sonhos da outra e, assim, as duas fazem história. E as histórias são importantes para todas as pessoas deste mundo.

Ler uma história é uma forma de se sentir privilegiado, de se sentir o único capaz de passar de um mundo a outro quando bem quer. Ouvir uma história é uma forma de se sentir parte da história de alguém. Contar uma história é uma forma de se fazer importante e dizer: *"Eu sei, estive lá e, por isso, posso dizer como foi"*. Criar uma história é uma forma de se sentir poderoso, afinal, ninguém esteve ali. Ninguém, a não ser o inventor, sabe onde foi que tudo começou e, mais ainda, como é que tudo vai terminar. Reinventar uma história é uma forma de se conversar com as ideias na cabeça, é um jeito de se dizer numa outra vez, num outro tempo, aquilo que já foi dito antes.

Era uma vez: Urgente! é urgente porque brinca, no tempo do agora, com as histórias de antes, sem pressa de passar o tempo folhando as páginas e desfolhando as possibilidades de contar outra vez, de um jeito novo.

O jeito do **Era uma vez: Urgente!** não é só urgente: **é jornal,** que é um jeito de dar a importância urgente para o "Era uma vez", para os personagens, para os fatos, enfim, para o enredo que existe em toda história. **Fim!**

EXPEDIENTE

Editores:
Charles Perreault, Hans Christian Andersen e os Irmãos Grimm

Colunistas:
Anvimar Gasparello, Deyse Campos, Isabel Lombardi, Marcos Meier

Projeto gráfico e diagramação:
Carina Hadlich Cardoso

Ilustrações:
André Figueiredo Müller

Revisão:
Tiago Krelling Marinaska

Solucionado o caso do estranho vendaval na floresta

Durante a tarde de ontem, uma estranha e forte ventania, vinda do Oeste, derrubou árvores, destruiu duas casas e deixou todos os habitantes da floresta muito preocupados. Cícero, a primeira vítima desabrigada, relata que o vento, além de espalhar toda a sua casa, era bem capaz de devorá-lo. Apavorado, correu para a casa do seu irmão do meio. No entanto, esse lar seria o segundo a subir aos céus.

O dono da segunda casa, portanto, a próxima vítima do desastre, contou que, de repente, era pau, era pedra, parecia o fim do caminho. Desesperados e temendo que a floresta toda acabasse num só sopro, os dois irmãos colocaram o rabinho entre as pernas e, mais que depressa, buscaram proteção com o irmão mais velho, que foi o único a fazer uma casa de alvenaria.

Meteorologistas do Reino se preparavam para explicar que esse fenômeno poderia ter sido causado pelo aquecimento global quando uma surpresa mudou o rumo da história. Uma testemunha (que não quis se identificar) foi, com seu capuz vermelho, sozinha pela estrada afora até a

NO XILINDRÓ	**SEM PISTAS**	**PATA AQUI...**
Presa a quadrilha que se disfarçava para invadir propriedades. p. 8	Crianças de uma pequena e pacata cidade foram sequestradas! p. 9	... pata acolá. Patos abandonados viram caso de polícia. p. 10

delegacia para delatar o autor de tamanha crueldade. De acordo com o retrato falado descrito pela testemunha, o suspeito tem orelhas grandes para ouvir melhor, olhos enormes para enxergar melhor e uma boca que, de tão grande, é bem capaz de destruir tudo ao bufar e soprar.

Na noite de ontem, o ministro da Defesa Civil do Reino Encantado tranquilizou os habitantes da floresta: foi preso, disfarçado de vovozinha, o Lobo Mau.

*(*1) As histórias relacionadas a esta notícia estão no fim do livro.*

Caderno Policial

Presa a quadrilha que se disfarçava para invadir propriedades

Desconfiada de que eram três os invasores que saqueavam propriedades e destruíam tudo na floresta, a polícia pediu ajuda ao conselheiro do Reino, o Sábio Senhor Espelho, Espelho Meu, que, num rápido reflexo, revelou o endereço das próximas sete vítimas. Ao chegar à casa dos irmãos anões, a polícia encontrou uma maçã mordida, uma jovem pálida, muito pálida, caída no chão e, ainda, a Rainha dos Disfarces, fantasiada de boa senhora.

No fim da tarde de ontem, a polícia cercou as fronteiras do reino, procurou por toda parte e encontrou, tomando sopa, os outros dois integrantes da quadrilha, que foram presos no ato. A jovem, Cachinhos de Ouro, foi indiciada e responderá por invasão de propriedade e destruição de patrimônio. O franzino, João, pagará uma multa milionária por ter cometido crime ambiental – ao cortar um pé de feijão – e também vai responder por invasão de propriedade e roubo de animais. Já a tal "boa senhora" foi presa por tentativa de homicídio venenoso e qualificado da sua enteada, a jovem pálida como a neve que estava desmaiada na casa dos mineradores. Para os três meliantes, o final não vai ser tão feliz. A justiça do Reino Encantado fará com que passem, no mínimo, 100 anos de solidão na prisão.

(*2) As histórias relacionadas a esta notícia estão no fim do livro.

Crianças de uma pequena e pacata cidade foram sequestradas!

Durante a noite de ontem, as delegacias do Reino Encantado quase entraram em pânico. Em cada uma delas, havia uma multidão de pais desesperados denunciando o desaparecimento de seus filhos. A polícia estima que centenas de crianças tenham sido sequestradas. O que tem intrigado os investigadores é uma curiosa coincidência: todos os pais que denunciaram o sumiço de seus filhos haviam feito uma dedetização em suas casas com uma empresa nova no mercado: ela garantia sair da cidade de uma só vez com todos os ratos. Teme-se, portanto, que o responsável pelo crime seja o profissional dessa empresa. Infelizmente, nenhuma testemunha viu para onde as crianças foram, mas afirmam ter ouvido o mesmo som de flauta que o dono da empresa dedetizadora usou para fazer propaganda de seus serviços. A polícia pede a colaboração de todos os habitantes do Reino – quem souber informações sobre o paradeiro do dono da empresa dedetizadora, entre em contato com a Prefeitura, que, como de costume, oferece mil recompensas por atos tão nobres.

(*3) A história relacionada a esta notícia está no fim do livro.

Caderno Policial

Pata aqui, pata acolá

Patos abandonados viram caso de polícia

Depois de muitas investigações e muito "disse que disse", a Mamãe Pata teve a trágica confirmação de sua suspeita: o seu filho, o patinho mais diferente da família, é, na realidade, um filhote que foi trocado na Maternidade de Patópolis, onde nasceu. Chocada, a Mamãe Pata denunciou a equipe médica por irresponsabilidade. Foi aberto um inquérito para averiguar os fatos e descobrir o que aconteceu na maternidade na noite do dia 22. O médico-chefe, o Senhor Pato Pateta, mesmo engasgado e com dor no papo, afirmou que não houve erro por parte da sua equipe e alegou, em nota oficial, que o fato de a Dona Pata ter abandonado o rebento quando viu o aspecto horrível dele é que merece maior atenção do conselho tutelar, afinal, um trauma como esse pode causar danos psicológicos e sociais irreversíveis "na criança". A equipe médica tem a seu favor um laudo que considera a prática de abandonar patinhos comum a essa mãe. Segundo consta nos arquivos da maternidade, certa vez, a Mamãe Pata, após dar à luz três rebentos – Huguinho, Zezinho e Luizinho –, entregou-os a um tio. Caso a justiça comprove que a Mamãe Pata

abandonou mesmo os filhos, ela responderá por falso testemunho e poderá pegar 22 anos de cárcere privado na Lagoa dos Patos, além de se submeter a testes psicológicos. A Mamãe Pata dá patadas para todo lado e diz que vai recorrer dessas patifarias. Diante disso, a justiça do Reino Encantado confirma que as investigações vão continuar. A polícia solicita a quem tiver alguma informação que ajude a descobrir a verdade dos fatos, ligando imediatamente para 0800-0222222.

(*4) As histórias relacionadas a esta notícia estão no fim do livro.

Propaganda

Perdeu seu sapatinho?

Nós temos o
par perfeito para você!

Lojas Cinderela
Sapatos para você e para ela

Travessa Escadaria do Castelo, sem número.

Gênio da lâmpada entra numa fria

De passagem pelo Reino Encantado, um menino encontrou uma lâmpada mágica e esfregou-a. De repente, de dentro da lâmpada saiu uma nuvem e, de dentro da nuvem, saiu um gênio.

Agradecido, o gênio ofereceu ao garoto, como recompensa, a realização de três desejos. O menino fez, até agora, apenas um pedido brilhante: que o gênio realizasse, para sempre, todos os desejos da criança. Como não havia regras para a solicitação dos desejos, o menino passou a ter um número infinito deles; a cada hora, o garoto quer uma coisa e, curiosamente, não chega nunca ao segundo pedido. Cansado, o Gênio tem propagado a ideia de que o menino é maluquinho e sem limites. Consultores do Reino Encantado advertem para o fato de que sempre é possível tirar uma lição de um fato como esse, ou seja, acordos e negociações devem sempre prever as regras para facilitar o final feliz.

(*5) As histórias relacionadas a esta notícia estão no fim do livro.

"ESSA DOENÇA PEGA"
Mentira Barata.
p. 14

"ORELHUDO"
Comunidade educativa quer acabar com o preconceito.
p. 15

Caderno Comportamento

Mentira Barata

Depois de cair em descrédito ao dizer que possuía sete saias de filó, um anel de formatura, uma fita no cabelo e dinheiro na caixinha que a deixava pronta para se casar, Dona Barata assumiu que tem uma doença muito rara, cujo nome científico é *vontadius de mentirius*. De acordo com a Organização Mundial da Saúde do Reino Encantado (OMSRE), essa doença é muito perigosa, pois os seus sintomas podem enganar. Até agora, apenas um caso semelhante ao da Dona Barata foi detectado em todo Reino Encantado: seu portador é Pinóquio, um boneco de madeira que diz ter jeito de gente. Vacinas contra essa doença começarão a ser pesquisadas, na próxima semana, pela cientista Dona Carochinha.

(*7) A história e as canções folclóricas relacionadas a esta notícia estão no fim do livro.

Era uma vez: Urgente!

Comunidade educativa quer acabar com o preconceito

Nos corredores da escola do Reino Encantado, observam-se cada vez mais comportamentos agressivos e antissociais, intencionais e repetitivos, de um ou mais animais contra outro(s). Um exemplo é o aluno Dumbo, um elefantinho sabido que, por se sentir discriminado, chegou ao ponto de dizer para a mãe que não quer mais ir à escola. Com base nos Estatutos Reais da Criança e do Adolescente, a escola está trabalhando exaustivamente para coibir esse problema, para que todos os alunos percebam as consequências de seus atos e desenvolvam, assim, autonomia e responsabilidade para viver bem e em grupo. A diretora da escola fez uma avaliação e, em nota oficial, falou da importante tarefa de colaboração a ser realizada entre a família e a escola e advertiu: "Pais e responsáveis, dialoguem com seus filhos e mostrem, por meio de seus exemplos, como ser uma pessoa de valor, capaz de respeitar e ser socialmente comprometida. Ensinem que as pessoas são mais do que as aparências".

(*6) A história relacionada a esta notícia está no fim do livro.

15

Caderno Comportamento

16

Não sei contar, só sei que quero que me contem!

Sou filha da Branca de Neve

e sou tão branquinha quanto ela. Você não sabia que a Branca de Neve tinha filha? Mamãe sempre teve dúvida sobre quem é o meu verdadeiro pai. A história foi abafada na época, porque mamãe tinha receio de ficar mal falada na floresta e, pior, tinha medo que a Madrasta, que era uma bruxa, fizesse comigo o mesmo que fez com ela. No entanto, eu não correria esse risco, porque não gosto nem um pouco de maçã.

Mamãe imaginava que, enquanto eu crescia... Bem... Eu não crescia. Então, foi imaginando que, à medida que eu fosse ficando mais velha, eu apresentaria alguma característica semelhante à do meu verdadeiro pai. Ocorre, porém, que sou uma menina calada, às vezes muito zangada, às vezes muito feliz, durmo demais, adoro um carinho, tenho rinite alérgica e hoje sou professora. Todas as características de sete de seus namorados. A única certeza que mamãe tem é que não sou filha do príncipe, porque esse apareceu só no fim da história. Hoje, com a tecnologia tão avançada, resolvi, por minha conta, pedir judicialmente um exame de DNA para identificar quem é meu verdadeiro papai. Quando eu souber... Eu conto!

Anvimar Gasparello é uma das autoras deste livro. Professora de Matemática, é esposa, é mãe, é filha, é tia, é irmã, é brincalhona. Fazer piadas, rimas, poesias e contos é com ela. Seu nome, Anvimar, é uma confusão de gente. O "An" é em homenagem a Andréa, "Vi", a Virgínia e o "Mar", a Márcia, suas irmãs. Sorte que, até o momento, só havia três filhas!!! Anvimar é assim, feita de gente. Você já imaginou se ela fosse mesmo filha da Branca de Neve, que complicado iria ser o nome dela, caso a mamãe quisesse homenagear os seus 7 amigos? Anvimar Gasparello é também amiga da Deyse, da Isabel e do Marcos.

Campanha Nacional contra desperdício de alimentos vai se voltar para o público infantil

Preocupado com a fome no mundo associada aos altos índices de desnutrição e obesidade, o Rei decretou a Campanha Nacional do Reino Encantado e decidiu trabalhar com as crianças, educando-as para que se alimentem bem e não desperdicem comida. A razão para essa iniciativa foram as inúmeras migalhas de pão, encontradas na floresta, jogadas por um menino e uma menina. Em entrevista sobre o comportamento infantil, o doutor em Psicologia, Senhor Grilo Falante, disse que as crianças precisam aprender desde cedo a preservar o que as alimenta, para que não cresçam com os mesmos grilos dos pais.

(*8) As histórias relacionadas a esta notícia estão no fim do livro.

CABEÇA DE PAPEL
Final infeliz.
p. 21

TROCA
Ali-Babá apresenta projeto de lei mundial.
p. 22

" As crianças precisam aprender desde cedo a preservar o que as alimenta, para que não cresçam com os mesmos grilos dos pais. "
Senhor Grilo Falante

Final infeliz

Às 17h de ontem, foram presos, por ordem real, todos os soldados que não marcharam direito na cerimônia de troca da guarda do castelo. O Rei, que estava fervendo de raiva porque sua roupa havia sido roída, descontou no exército toda a sua irritação. O quartel, com tanta gente lá dentro, pegou fogo. A polícia deu sinal aos bombeiros, que em vão tentaram salvar o Soldado de Chumbo, mais conhecido como "Cabeça de Papel", a única vítima desse acidente.

O Rei, além de decretar luto oficial, enviou seus sentimentos à família, pedindo desculpas pela teimosia.

Soldado de Chumbo - O "Cabeça de Papel"
★ 29 de fevereiro de 1000, 900 e 80
✝ 29 de fevereiro de 2000 e 13

*(*9) As canções folclóricas, a história e o trava-língua relacionados a esta notícia estão no fim do livro.*

Caderno Atualidades

Ali-Babá apresenta projeto de lei mundial

Assim que o quartel pegou fogo, os amigos do Rei convidaram o Senhor Ali-Babá a visitar todos os presídios reais e apresentar sua opinião sob as condições das instalações. Ali-Babá ficou surpreso com o aumento da população carcerária em tão pouco tempo e já estima que esse número, num futuro próximo, tenda ao infinito. Veja a previsão no gráfico a seguir.

Na próxima quinta-feira, Ali-Babá apresentará à Comissão de Parlamentares do Reino o projeto que prevê uma mudança real no faz de conta. De acordo com Ali-Babá, a tendência é que o número de seus seguidores aumente e, por isso, o especialista está requerendo o direito de trocar o hábitat da população do Reino Encantado, ou seja, colocar os não seguidores nos presídios e os seus seguidores nas residências. Enquanto isso, na Sala de Justiça, representantes da ORE (Organização do Reino Encantado) solicitam do Rei e da Rainha a abertura de uma CRI (Comissão Real de Inquérito), pois alegam que a ideia original desse projeto foi roubada do castelo e, ainda por cima, sofreu alterações. Ali-Babá ignora o fato e diz não se preocupar com tais calúnias. Segundo ele, há 40 testemunhas ao seu lado que podem comprovar a bondade de suas intenções.

(*10) A canção folclórica e a história relacionadas a esta notícia estão no fim do livro.

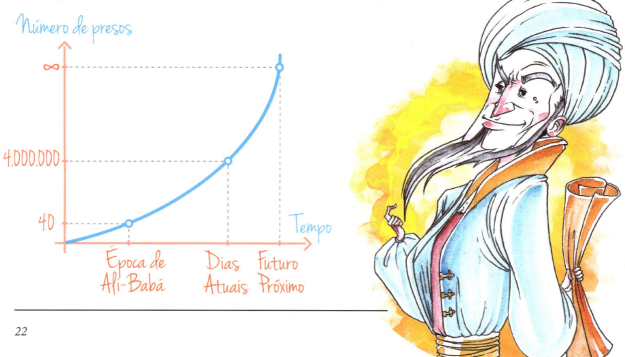

Propaganda

Lírios ou rosas
É coisa do passado
A moda agora
É alecrim dourado!

Surpreenda quem você ama!
Fazemos diversos arranjos. Rua das Flores, 300.

Floricultura do Campo

Caderno
Saúde

TRÂNSITO
Atropelamentos frequentes causam pânico em família.
p. 26

GENOMA
Habilidade para perder pode ter origem genética.
p. 28

Campanha alerta sobre os perigos de beijar sapos

Médicos fazem um alerta para o alto índice de moças solteiras contaminadas por terem beijado sapos. A espécie de sapo beijada, que mora na Lagoa, a região mais pantanosa do Reino Encantado, é conhecida por não lavar o pé, simplesmente porque não quer; além disso, é venenosa e oferece risco à saúde das princesas. Os médicos da Organização Mundial da Saúde do Reino Encantado (OMSRE) afirmam que houve apenas um único caso de transformação de sapo em príncipe, mas esse caso isolado não deve servir de regra. O perigo é grande demais para se correr o risco, garante a OMSRE.

(*11) A história e a canção folclórica relacionadas a esta notícia estão no fim do livro.

25

Caderno Saúde

Atropelamentos frequentes causam pânico em família

Durante a manhã de ontem,

a Família Invisível resolveu parar o trânsito com uma passeata organizada. O motivo é que seus integrantes estão cansados de serem vítimas de motoristas distraídos e malandros que alegam a mesma história de sempre: "Juro que não vi". A passeata só atingiu notoriedade quando os médicos anunciaram, espantados, a quantidade de atropelados da mesma família que deram entrada ontem, com ferimentos graves, no Hospital Geral do Reino Encantado. O Homem Invisível está visivelmente incomodado e lamentou o fato de não saber mais o que fazer para proteger a sua família da violência no trânsito. O hospital pede que doadores de sangue do tipo ÓHHHHH se apresentem para ajudar a salvar as vítimas da Família Invisível.

(*12) A história em quadrinhos relacionada a esta notícia está no fim do livro.

Caderno Saúde

Habilidade para perder pode ter origem genética

28

Era uma vez: Urgente!

Estudos desenvolvidos por especialistas do Projeto Gnoma explicam que determinados e repetitivos hábitos são comuns entre as pessoas da mesma família. Um caso, considerado bastante revelador, é o da moça "Deysengonçada", que é campeã em perder coisas. A moça já perdeu as chaves de casa, o aparelho dental, celulares, bolsas, chicletes. Já perdeu a identidade. Já perdeu peso. Já perdeu o sono. Já perdeu a fome. Já perdeu a paciência. Já perdeu a chance. Já perdeu tempo. Já perdeu a vez. Já perdeu o juízo. Já perdeu o jogo, o avião, o trem e o "*grand finale*". A fama de perder fez dela uma *expert* em achar coisas "Deysimportantes", como tarrachas de brinco, tampa de caneta e controles de TV. Que perder é comum, as pessoas sabem; o que até agora ninguém sabia é que perder é genético. A moça perdida e "Deysorientada" tem um parentesco com aquela princesa que ficou famosa por perder um dos seus sapatinhos de cristal.

Deyse Campos é uma das autoras deste livro. É professora, é psicopedagoga, é bagunceira, é esquecida, é "Deysastrada" e "Deystraída". Adora cantar "Caminhando contra o vento, sem lenço e sem documento", não porque ela gosta dessa música, mas porque vive perdendo as coisas. A brincadeira com a notícia não é brincadeira, tanto que a autora está pensando em mudar seu nome para "Perdeyse". A única coisa que ela faz de tudo para não perder são seus amigos. Deyse é amiga da Anvimar, da Isabel e do Marcos.

Propaganda

DESVENDE SEU FUTURO
CONSULTE O FILHO DO REFLEXO.

Espelho mágico e suas previsões nunca erram.

www.espelhomagico.reino

COLUNA ♛ SOCIAL

FESTA NO CÉU

Aconteceu na noite do Reino Encantado uma festa de arromba no céu. Uma presença ilustre e inusitada foi a do Jaboti. Todos os convidados se perguntavam, intrigados, como foi que ele conseguiu chegar até aquela altura, já que ele não tem asas. O Jaboti, que não é bobo nem nada, aproveitando o momento para melhorar sua moral com os convidados nobres, era só elogios para o Urubu Rei durante toda a festa.

*(*13) A história e canção folclórica relacionadas a esta notícia estão no fim do livro.*

GRANDE BAILE BENEFICENTE

A Rainha Mãe, na tentativa de angariar fundos para a nova ONG Encontre seu Marido com Apenas uma Valsa, fará uma noite encantada no castelo, com sorteio de prêmios e grandes atrações. As princesas já confirmaram presença.

*(*14) A história relacionada a esta notícia está no fim do livro.*

REI LANÇA CONCURSO PARA MATAR O DRAGÃO

Depois das inúmeras tentativas infrutíferas de resgatar sua filha do sequestro promovido pelo Dragão da Caverna Encantada, o Rei abre o concurso para ver quem consegue matar a fera. O prêmio será metade do reino e a mão da princesa. Muitas pessoas criticaram o Rei dizendo que a princesa tem o direito de escolher com quem casar, mas Sua Majestade rebateu as críticas dizendo que, se ninguém a salvar, ela morrerá. Então, nada mais justo que ela aceite o casamento.

(*15) A história relacionada a esta notícia está no fim do livro.

ADIADO O CASAMENTO MAIS ESPERADO DO ANO

Depois de conversar com o pai e o irmão, o Príncipe Terceiro, de chapéu na mão, pediu em casamento a linda e delicada herdeira da indústria Gomos de Laranja. Terezinha de Jesus aceitou com uma condição: o pretendente precisa esperar até que ela se recupere da terrível queda que a levou ao chão.

(*16) A canção folclórica relacionada a esta notícia está no fim do livro.

QUANDO O AMOR BEM QUER, QUER MESMO

Autor: Éden, diretamente do jardim.

"**Bem me quer, mal me quer,** bem me quer, mal me quer, bem me quer. Ufa!", pensou com felicidade. Justo ela, que pensava que nada pior para uma felicidade do que um pensamento. Qualquer pensamento. Pensou: "Que engraçado". E, bem nessa hora, pensou uma pergunta cheia de medo: "Bem me quer, mesmo depois de toda a choradeira?". Pensou então que não era hora para perguntas. Afinal, deu bem me quer, não deu? Deu. E, assim, enfeitou a sua paixão com toda a certeza do mundo e foi logo se perfumando, enchendo o jardim com sua graça. Não demorou muito para o amor-perfeito aparecer para aconselhar: "Minha querida, quando o assunto é amor, nem tudo são flores". No entanto, ela, que, de tanto querer, parecia um brinco de princesa, ousou espetar o comentário: "Eu sei!". E o pior é que ela sabia mesmo! Uma vez, quando conversava com as saudades, a roxa e a branca, a comum e a dobrada, chegou a uma conclusão: se fosse justo, o amor não faria o alecrim nascer sem ser semeado, não deixaria o girassol só ter olhos para o sol, não faria a dama-da-noite se abrir na escuridão. Ah! O amor, tão imperfeito, tão incerto, tão espinhento e, estranhamente, tão bom. Ah! O amor fertiliza o solo, muda as estações das mudas, cura as feridas dos espinhos, planta vontades, abre pétalas. Nossa! Já se abriram as onze-horas... Um barulho no canto dos canteiros, ouve-se um despetalar e lá está ela, arrancando as raízes, para se arrancar muito bela e formosa. Afinal, tinha de aproveitar esse horário para fazer uma visita ao seu amor, o Cravo, que, por causa de uma briga embaixo da sacada, está solteiro outra vez. Sorte a dela. Deu bem me quer, não deu? Deu! Então que o amor queira bem as vontades dela, a Senhora Margarida dos Campos. Porque, afinal, com todas as brigas, todas as injustiças, todos os desencontros, todas as imperfeições, o amor, quando bem quer, quer mesmo; o amor, quando bem quer, ainda que feinho, é lindo. É capaz de deixar não só o jardim florido, como também a vida mais cor-de-rosa.

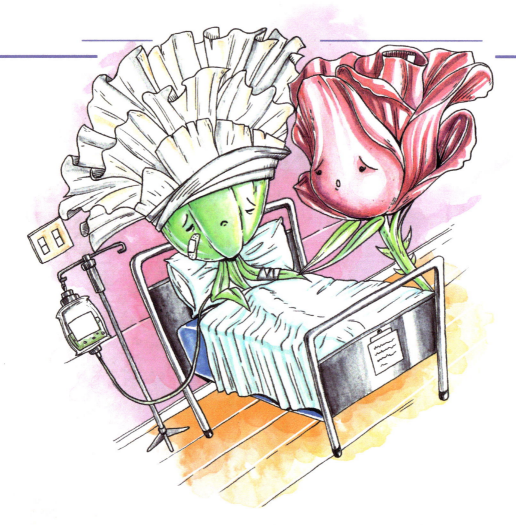

VAI O ANEL, MAS FICA O CASAMENTO

Um anel de vidro que se quebrou foi o motivo da briga que separou por alguns momentos o casal mais florido do reino. O Senhor Cravo, arquiteto do jardim real, deu de presente para a sua esposa, a linda Rosa Juvenil, uma joia comprada na noite em que saiu para cirandar. Dona Rosa, enciumada, não aceitou o anel e espetava seu amado dizendo que o amor que ele tinha por ela era pouco. O Senhor Cravo não aguentou e brigou com a Dona Rosa debaixo da sacada. A discussão foi tão forte que a sacada desmoronou, deixando o Senhor Cravo ferido e Dona Rosa despetalada. Ambos foram internados. O Senhor Cravo permanece desmaiado e em estado grave. Dona Rosa, que teve leves arranhões, se recuperou rapidamente, mas, ao saber do estado de saúde do seu amado, não conseguiu parar de se lamentar e pôs-se a prometer, entre lágrimas e soluços, que, assim que o Senhor Cravo sair do hospital, ela vai ladrilhar a rua onde moram com pedrinhas de brilhante.

*(*17) As canções folclóricas relacionadas a esta notícia estão no fim do livro.*

DEPOIS DA LEI, ELA FAZ IMPORTANTE DECLARAÇÃO

Embora muita gente a considere como princesa de alta classe, ela não se vê dessa forma, pois não usa vestidos cor-de-rosa, não faz questão de brilho nem usa sapatinhos de cristal. Seu príncipe não é encantado, mas chegou encantando no seu carro branco com motor de 500 cavalos. É verdade que ela não nega gostar de coisas boas e bonitas, mas afirma que isso não faz dela uma princesinha, tampouco uma perua. As confusões com a sua pessoa e com o seu papel social tiveram início quando decretou a "Lei Aurora", uma lei revolucionária que gerou mudanças econômicas, políticas e sociais em todo o Reino Encantado. Após muita pressão e "disse que disse", ela declarou em nota oficial: "Me chamam assim porque defendo tudo o que acho certo e justo. Costumo abolir da minha vida tudo o que considero chato, inconveniente e incômodo, independentemente da cor, da raça e da religião. Falo o que penso e assino embaixo! Ass.: Princesa Isabel".

Isabel Lombardi é uma das autoras deste livro. É professora de Matemática. Adora se divertir, conhecer gente divertida, escrever, ler, assistir filmes e conhecer lugares novos. O mais importante para ela são a sua família e os seus amigos. Não abre mão do convívio com pessoas. Em alguns momentos, chega a ser irritante com sua mania de organização e com sua luta por justiça, mas ela está aprendendo a se controlar. Isabel também é amiga da Anvimar, da Deyse e do Marcos.

Caderno Ciências & Tecnologia

Milagre da ciência!

Depois de muitos anos, ela acorda.

Acordou, na manhã de ontem, a Senhora Bela. Ela estava adormecida, levando uma vida sonolenta por muitos anos. Há quem diga que se passaram mais de 100. Cientistas consideram este um fato inédito e dizem querer investigar a possibilidade de uma pessoa conseguir acordar assim: tão bem disposta. Especialistas que estudam o caso garantem que a Senhora Bela, que estava adormecida, levantou mais sonhadora do que nunca.

*(*18) A história relacionada a esta notícia está no fim do livro.*

36

MIAU!
Descobertas sonoras deixam cientistas admirados.
p. 38

GLUB'GLUB
Descoberto peixe que vive fora d'água.
p. 39

ET
Descoberto um extraterrestre no Brasil.
p. 40

Para além da clonagem e dos robôs

Enquanto técnicas avançadas de construção de robôs ou de clonagem são criadas no mundo todo, um inventor brasileiro revoluciona a comunidade científica. Eis seu experimento inovador: uma boneca de pano que, após ter tomado uma pílula, começou a tagarelar e tagarelar. Ela simplesmente não para de falar. Quando questionada se é gente ou se é boneca, a fantástica tagarela respondeu: "Sou a independência ou morte".

(*19) A história relacionada a esta notícia está no fim do livro.

Ciências e Tecnologia

Descobertas sonoras deixam cientistas admirados

Envolvida há décadas numa pesquisa sobre a arte de gritar, a cientista Dona Chica, diz, admirada, que o grito dos gatos ultrapassou o nível de decibéis que o ouvido humano é capaz de suportar. Dona Chica e sua equipe de cientistas estudam o berro que os bichanos dão para observar se o berro o fator responsável pelas sete vidas que os gatos têm. Por enquanto, testes feitos em laboratório só conseguiram demonstrar que, berrando, o bichano aguenta a maior surra.

*(*20) A canção folclórica relacionada a esta notícia está no fim do livro.*

Propaganda

Brinquedos de madeira que parecem reais?

Oficina Gepetto
Especializada em bonecos de madeira.

www.grilofalante.reino

Descoberto peixe que vive fora d'água

Uma cientista recém-formada fez uma descoberta interessantíssima no campo da zoologia. Motivada pelo fora que levou do namorado e que a fez se sentir um peixe fora da água, a especialista dedicou-se com afinco ao estudo dos peixes. Surpreendentemente, achou uma espécie que simplesmente continua a respirar mesmo estando fora da água. Segundo a pesquisadora, a descoberta acabou ajudando-a na superação da dor da perda afetiva.

*(*21) A canção folclórica relacionada a esta notícia está no fim do livro.*

Criado balão dirigível por comando de voz

A cena inusitada foi vista na Rua do Sabão, que fica na pequena cidade de São João, no lado oeste do Reino Encantado. As pessoas cantavam, entusiasmadas, para que o balão caísse em suas mãos; em seguida, mudaram de ideia e deixaram com que caísse na própria rua. Até o momento, ninguém consegue explicar de onde veio o balão. Alguns moradores acreditam que o balão é um tipo de tapete mágico voador de outro planeta.

*(*22) A canção folclórica relacionada a esta notícia está no fim do livro.*

Ciências e Tecnologia

Descoberto um extraterrestre no Brasil

Foi descoberto um alienígena de dois metros de altura, loiro e de olhos verdes, que fala, anda e age como um ser humano normal. Todas as características parecem confirmar que é humano, mas há alguns detalhes inexplicáveis: ele diz ser formado em Matemática, apesar de várias testemunhas que jurem que ele cursou Psicologia. Todo mundo diz que ele é jogador de basquete, no entanto, suas medalhas são de xadrez. Há vídeos dele no YouTube falando sobre educação de filhos, todavia, parecem montagem. Ele não dorme nunca, pois várias pessoas afirmam já terem recebido *e-mails* seus às 4 horas da madrugada. Durante suas palestras, ele emite raios invisíveis que fazem as pessoas desligarem de tudo e só pensarem no que ele fala. Com tudo isso, muitos juram que ele é de outro planeta, enquanto outros acham que ele só é hiperativo e que vive no mundo da lua, e tem quem ache que ele é um ser humano normal. Duro saber.

Marcos Meier é um dos autores deste livro. Ama ensinar e brincar. É escritor e palestrante nas áreas de educação e psicologia. Seu livro "O castelo das sete portas" tem encantado crianças e adolescentes que se apaixonam por essa história fantástica ambientada num castelo medieval, ao mesmo tempo que refletem sobre temas importantes da vida e da maturidade humana. É uma metáfora da adolescência. Saiba mais sobre a obra no site do autor: www.marcosmeier.com.br. Marcos também é amigo da Deyse, da Anvimar e da Isabel.

Propaganda

ROUPAS
INVISÍVEIS
REI
PELADÃO

COMPRE A SUA E NUNCA MAIS FIQUE
EM DÚVIDA DO QUE USAR.

Caderno Economia

Pedras preciosas

NAS ALTURAS
Crise aérea faz tapetes ficarem parados no pátio.
p. 44

DE PATAS CRUZADAS
Greve sacode o setor de compras.
p. 45

aumentam de valor

Uma crise na extração de pedras preciosas diminuiu o fornecimento destas, aumentando seu valor de mercado. Empresários do setor afirmam que a empresa Sete Pequenos Empreendedores diminuiu seu trabalho repentinamente. Desconfia-se que os trabalhadores da mina estão apaixonados, pois, de uma hora para outra, todos começaram a cantarolar, querendo ir logo embora para casa. O mestre e diretor da pequena empresa afirmou que o problema não é a paixão: o problema é que todos estão apaixonados pela mesma dama. O setor aguarda ansiosamente que tudo se resolva logo.

(*23) A história relacionada a esta notícia está no fim do livro.

Propaganda

Confeitaria Tia Nastácia
Onde sua festa tem mais sabor.
www.tianastaciafestas.reino
Telefone: 5555-55555

43

Caderno Economia

Crise aérea faz tapetes ficarem parados no pátio

A companhia aérea Bagdá Airlines está sofrendo com a crise no segmento. Graças à divulgação que um certo Harry está fazendo sobre o uso de vassouras para locomoção, as pessoas estão preferindo não mais viajar em tapetes. Se a crise continuar por mais alguns meses, teme-se que a Bagdá Airlines decrete falência. Aladim, gerente de *marketing*, diz que ainda é possível reverter o quadro.

(*24) As histórias relacionadas a esta notícia estão no fim do livro.

Era uma vez: Urgente!

Greve sacode o setor de compras

Cansado de trabalhar nas filas dos mercados, um grupo de formigas operárias organizou uma greve que sacudiu o setor de compras. Uma cliente da maior rede de mercados do Reino Encantado foi surpreendida com a manifestação e contou, alarmada, que, quando foi ao mercado comprar café, veio uma formiguinha e subiu no seu pé, impedindo as compras, pois a formiguinha não parava de subir.

(*25) A canção folclórica relacionada a esta notícia está no fim do livro.

45

Caderno Cultura

TV - Ator fala da sua dupla interpretação na novela das 9h

Ele tem cara de menino, é bonito, charmoso e talentoso. Adam é um ator consagrado e estará na próxima novela das 9h, fazendo dupla interpretação, ora como príncipe, ora como uma pavorosa fera. "A Bela e a Fera", cuja direção será do renomado cineasta Uau Disnei, terá seu primeiro capítulo no próximo domingo. Em entrevista exclusiva ao nosso jornal, Adam disse que está estudando muito para arrasar em seus dois papéis, pois quer passar uma imagem real e surpreender os expectadores e fãs ao mostrar suas duas caras.

*(*26) A história relacionada a esta notícia está no fim do livro.*

SOM NA CAIXA
Novos sucessos da Dona Cigarra são gravados em MP3.
p. 48

VANGUARDA
Colchões e ervilhas vão ficar do início deste mês até o final feliz em exposição no Museu Real.
p. 49

MODA
Novas tendências no Reino Fashion Week.
p. 50

Formiga lança moda na floresta

Na exposição de modas

do Reino da Rainha, uma formiga muito magra, quase esquelética, acabou, sem querer, induzindo outras modelos a andarem em fila, usando a mesma cor amarelada. Como ninguém mais soube diferenciar uma formiga da outra, houve uma manifestação para a valorização de outras cores. A rainha do formigueiro sentiu-se culpada pela moda, já que gostava especialmente da formiga mirradinha, quase desmilinguida de tão magricela.

(*27) A história relacionada a esta notícia está no fim do livro.

Caderno Cultura

Novos sucessos da Dona Cigarra são gravados em MP3

Apesar da crítica negativa de milhares de formigas, a fila para comprar o novo CD da Dona Cigarra dava voltas na quadra. Gravado em MP3, o álbum foi feito num único dia, exigência da cantora, que não estava disposta a trabalhar por mais tempo.

*(*28) A história relacionada a esta notícia está no fim do livro.*

Propaganda

Vai viajar, não tem com quem deixar?
Para que se desesperar?

Temos 101 vagas.
Oferecemos banho e tosa.
Rua da Dal Mata, 102.

48

Era uma vez: Urgente!

Colchões e ervilhas vão ficar do início deste mês até o final feliz em exposição no Museu Real

Quem passear pelo pavilhão de exposições do Museu do Reino poderá conferir uma instalação – feita com 20 colchões e 1 ervilha – que convida o público a apreciar a arte de bem dormir. A artista responsável pela criação, a Princesa Grão, diz, orgulhosa, que sua obra tem a intenção de mostrar para príncipes e princesas, reis e rainhas, que a arte está na diversidade. Sua ideia original surgiu quando percebeu como existem diferentes formas e lugares para se tirar uma soneca, tirar uma pestana, dar um "dormidinha", cochilar, fazer naninha, ressonar, sossegar, roncar, entre outras tantas formas de descanso. A princesa Bela Adormecida e o Anão Soneca disseram que a exposição é um sonho e que vão retornar, porque, infelizmente, não puderam apreciar toda a criação, pois entraram em sono profundo.

(*29) A lista de histórias e canções folclóricas relacionadas a esta notícia está no fim do livro.

Caderno Cultura

Novas tendências no Reino Fashion Week

Aconteceu, na noite de ontem,

no palácio Tão Tão Longe, a Reino Fashion Week. A coleção da estilista Edna era a atração mais esperada. Com ousadia, lançou duas tendências para a estação: o uniforme da guarda real e a sua mais incrível e fantástica criação, uma roupa nova para o Rei desfilar pelas ruas do Reino. O material da roupa do Rei surpreendeu a todos os presentes, pois, para enxergá-la, era preciso usar óculos 3D. Os óculos Rei-Ban foram os que apresentaram uma melhor nitidez nas imagens. O estilista Síndrome, que foi prestigiar sua colega de trabalho, estava deslumbrado: "Foi um dos desfiles mais incríveis! As cores preto e vermelho se destacaram. Estava tudo combinandinho!", disse empolgado após apreciar o desfile. A expectativa é que o próximo evento ocorra em um lugar tão, tão perto, para que mais pessoas possam conferir esse evento maravilhoso.

(*30) A história e a animação relacionadas a esta notícia estão no fim do livro.

Era uma vez: Urgente!

51

Caderno Cidadania

Chega de mistério

52

Daniel, o menino de ideias

mirabolantes, aproveitou a época de seu aniversário para desvendar o mistério das portas do Castelo de Sete Portas. Essa transformadora experiência de visitar esse castelo o levou a ver o seu mundo de um jeito diferente. De passagem pelo Reino Encantado, concedeu uma entrevista à Chapeuzinho Vermelho, repórter do jornal **Era Uma vez: Urgente!**, a fim de tornar público o fascinante mistério que está contido no livro que o levou até o Castelo das Sete Portas.

> ## "...cada porta tem um mundo e, em cada mundo, uma aventura."

– *Por que o castelo é tão grande?*

– *Para melhor guardar e proteger as pessoas, os objetos e também todos os mundos que existem lá dentro.*

– *E por que a porta da frente é tão grande?*

– *Para a entrada de cavalos e carroças.*

– *E por que você foi lá?*

– *Porque eu li o livro "O castelo das sete portas", que ensinava o caminho. Tinha uma frase que dizia: "Leia o livro todo e depois toque suavemente o desenho da capa. Você irá desaparecer do mundo real e aparecer dentro do castelo". Fiquei muito curioso para conhecer cada parte do castelo porque cada uma delas tem uma porta, e cada porta tem um mundo e, em cada mundo, uma aventura. Uau! No castelo tem coisas muito impressionantes e assustadoras!*

– *O Lobo Mau passeia ali por perto?*

– *Lá no castelo eu vi muitas pessoas, muitos animais. Mesmo quando entrei no mundo em que a gente não enxerga nada, eu não vi o Lobo Mau. Então, isso eu garanto: o Lobo Mau não passeia por ali nem durante a manhã nem à tardinha.*

*(*31) A lista de histórias e canções folclóricas relacionadas a esta notícia está no fim do livro.*

Caderno 1
Esportes

ZEBRA
Atleta azarão vence a Maratona da Floresta.
p. 56

Recorde batido novamente

A Dona Aranha

voltou a subir pela parede e novamente conseguiu chegar até o topo, mesmo com fortes chuvas e ventos. Em entrevista, gesticulando muito, Dona Aranha afirmou que por várias vezes pensou em desistir, já que escorregava bastante. No entanto, sua persistência, já famosa, não permitiu que abandonasse o desafio.

*(*32) A canção folclórica relacionada a esta notícia está no fim do livro.*

Propaganda

SABUGO
SEBO

Venda de livros raros, usados e novos.

PREÇO INCOMPARÁVEL

Entregamos em casa

Tratar com Visconde,
*pelo telefone 5555-55555.
Sebo on-line:
www.sabugosebo.reino*

Caderno Esportes

Atleta azarão vence a Maratona da Floresta

O inesperado aconteceu ontem à tarde. Quando todos esperavam a vitória da Lebre na corrida, ela apareceu em segundo lugar com cara de quem havia acabado de acordar. O vencedor da prova ainda não terminou de dar entrevista, pois fala extremamente devagar, o que está irritando os jornalistas.

(*33) A história relacionada a esta notícia está no fim do livro.

Era uma vez: Urgente!

Caderno DIVERSÃO

PREVISÃO DO TEMPO

Fechou o tempo na casa do Cravo e da Rosa. A previsão é de raios e trovões para essa semana, e não se sabe se o clima vai esquentar ou esfriar. Estamos aguardando maiores informações. A temperatura pode esquentar, chegando à máxima de 38 graus. Ainda há a possibilidade de chegar uma frente fria, e a temperatura pode atingir a mínima de 5 graus.

TIRINHAS

CRUZADINHA

1 Som do espirro de quem está com gripe H1N1.

2 Técnico da seleção brasileira de futebol em 2010.

3 Expressão que um homem faz quando dá tudo errado com ele.

4 Filho que só quer carinho.

5 Descanso rápido do trabalhador após o horário do almoço.

6 Sentimento de quem recebe do Papai Noel o presente que pediu.

7 Aquele que tem como dom a arte de ensinar.

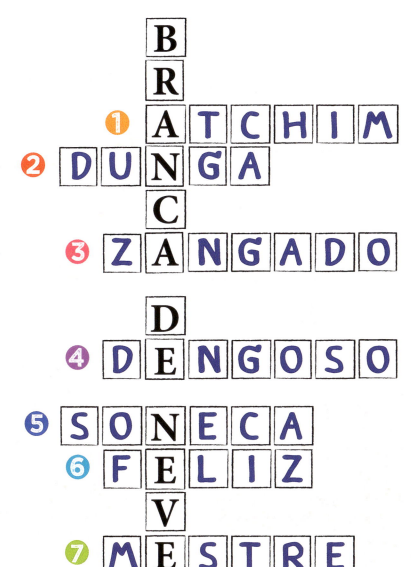

Gabarito: 1 - Atchim 2 - Dunga 3 - Zangado 4 - Dengoso 5 - Soneca 6 - Feliz 7 - Mestre

59

HORÓSCOPO

AQUÁRIO
21 de janeiro a
19 de fevereiro

O mar não está para peixe, por isso, não se arrisque. Este momento exige cautela. Nos negócios, invista em áreas mais seguras e boa sorte.

PEIXES
20 de fevereiro a
20 de março

Não brinque com água e nunca fique fora dela, é muito arriscado mergulhar de cabeça nessa aventura. Somente uma espécie conseguiu tal proeza.

ÁRIES
21 de março a
20 de abril

Até quando você vai ficar parado, contando carneirinhos?

TOURO
21 de abril a
21 de maio

Não assuste meninas com sua careta. Elas têm medo. Aproveite o momento para fazer novas amizades.

GÊMEOS
22 de maio a
21 de junho

Junte-se ao seu irmão para, juntos, ativarem!

CÂNCER
21 de junho a
23 de julho

A vida é mais do que ficar na praia pegando caranguejos na enchente da maré. Procure variar, mudar um pouco. Mudanças trazem novidades que podem deixar você mais motivado. Seu dia de sorte: 29/02.

Era uma vez: Urgente!

LEÃO
24 de julho a 23 de agosto

Aproveite o período para descansar... Você é o rei, e rei é quem comanda. No amor, mais atenção: não é só a sua juba que precisa de cuidados.

VIRGEM
24 de agosto a 23 de setembro

Tudo o que é novo causa espanto, mas não se assuste, confie! Na próxima, você já estará apto para enfrentar os desafios da vida.

LIBRA
24 de setembro a 23 de outubro

Você se desequilibra fácil. O motivo é que você é o único signo do zodíaco que tem outro nome. Pode não parecer, mas isso causa uma crise de identidade que o deixa frequentemente indeciso. Na dúvida, balance os prós e contras e aproveite esse momento para arrumar sua vida.

ESCORPIÃO
24 de outubro a 22 de novembro

Depois que você deixou sem cor o pião, ele nunca mais entrou na roda. Tenha paciência com os erros alheios, aproveite o momento para perdoar e volte a brincar com o pião. Você vai se divertir ao entrar no centro da roda para sapatear e bambolear. Nos negócios, sua vida ficará mais fácil.

SAGITÁRIO
23 de novembro a 21 de dezembro

Com jeito versátil metade cavalo, metade gente, tenha cuidado pra não ferir as pessoas ao seu redor. No amor, vá com calma: não mostre de cara as suas duas caras.

CAPRICÓRNIO
22 de dezembro a 20 de janeiro

Pare de bater a cabeça e comece a tomar decisões mais acertadas. Converse mais, ouça o conselho de outras pessoas e, só depois disso, decida.

61

Era uma vez: Urgente!

DE OLHO!

Veja onde estava o peixe-palhaço que procurávamos!

Propaganda

Quer relaxar e não sabe onde?

Nós sabemos!

Passe suas férias na companhia dos melhores agentes de viagem!

Momentos de diversão e de aventuras garantidos por **Seu Monteiro**.

Agende uma estadia, no sítio, pelo site:
www.picapauamarelo.reino

63

CLASSIFICADOS

VENDEM-SE

Cabelos em ótimo estado, bem tratados, com brilho e caimento perfeitos para alongamentos. Tratar com a Rapunzel, Fone: 0FF 5555-55555

Arco e flecha em perfeito estado de conservação. Foram usados uma única vez para atingir uma maçã. Tratar com Guilherme, na caixa postal 1000.

Abóboras grandes, macias e deliciosas. Tratar diretamente com a Fada Madrinha, depois da meia-noite. *E-mail:* fadamadrinha@condão.br

Botas usadas. Tratar com o Gato na Rua Sete Léguas, sem número.

Chapéu de três pontas. Tratar com Chapeleiro Maluco, Bosque do Chá, número 1016.

Vassouras usadas. Não servem para voar. Só para varrer. Tratar com a bruxa, na Casa de Doces, no centro do bosque. Não é bruxaria, é negócio!

Vende-se aquário de água fria. Motivo: o peixe que ali vivia não necessita mais viver na água. Tratar com Sra. Pisce, no Centro de Pesquisas Aquáticas.

TROCA-SE

Casa por apartamento. Casa de 40 m², de alvenaria, supersegura. Já suportou forte vendaval sem cair. Motivo: irmãos voltaram a morar todos juntos e precisam de apartamento maior. Obs.: Não aceitam outra casa no negócio, apenas apartamento.

Uma casa em forma de lâmpada por outra moradia mais confortável. Para negociação, aceitam-se desejos. Para falar com o morador, é preciso esfregar a lâmpada.

Um livro de histórias reinventadas por sua gargalhada. Esse livro é dedicado às pessoas que, com seus sorrisos, nos animaram a escrevê-lo.

ALUGAM-SE

Vestidos deslumbrantes para festas. Tratar com a Fada Madrinha, pelo telefone 5555-55555, em horário comercial.

Vara para catar uvas maduras. Tratar com a Raposa, no Vinhedo Verdejante.

Carruagem para festas, casamentos ou outros eventos, desde que terminem antes da meia-noite. Interessados devem ligar para Sr. Raton.

EMPREGOS

DOMÉSTICA. Precisa-se de empregada doméstica. Necessário gostar de cozinhar, lavar, passar e, principalmente, odiar maçãs. Tratar com Mestre, pelo telefone 5555-55555 ou pelo celular 7777-77777.

Aqui você acha tudo que puder imaginar e mais um pouco.

SEGURANÇA. Precisa-se de guarda para segurança de porta de caverna. Necessário ser surdo e não se irritar com brincadeiras de 40 trabalhadores noturnos em atividades ilegais. Tratar no local, com Babá.

PORTEIRO. Castelo de 7 portas abre vagas para trabalho em portaria. Necessário ter voz firme. Interessados, enviar currículo para portas@bre-te.sesamo.com.br

CONTADORA DE HISTÓRIAS. Precisa-se de contadoras de histórias para trabalhar no período noturno. É necessário saber pelo menos 1002 histórias. Interessadas marcar entrevista no castelo com o Sultão.

COZINHEIRO(A). Para trabalhar em fábrica de chocolates. Deve ter experiência comprovada em carteira. Oferecemos salário compatível, mais vale-transporte e vale-refeição. Tratar com Borboletinha. Fone: 5555-55555.

APRENDIZ DE FEITICEIRO. Precisa-se para imediata substituição. O anterior causou uma inundação no castelo. Necessário saber usar vassouras para varrer. Interessados, entrem em contato. Se não sabem com quem, já estão desclassificados.

LAVADOR. Empresa Reinô Veículos contrata lavador de carruagens. Precisa ter disponibilidade de horário e, principalmente, experiência com lavagem a seco. Tratar com Cascão. Fone: 5555-55555 ou cascao@da.com

DENTISTA. Precisa-se de dentista para trabalhar em período integral. Deve ter experiência com aparelho dentário/ortodôntico por mais de 1 ano. Tratar com Mônica.

MANICURE. Precisa-se para trabalhar no Shopping Castelo Branco. Deve ter experiência mínima de 6 meses e bom atendimento ao público. Tratar com Barbie, fone: 5555-55555.

MARCENEIRO. Para trabalhar em uma pequena fábrica que fica em aldeia italiana. Experiência em esculpir troncos de pinheiro. Salário fixo, mais comissão por venda de bonecos. Tratar com Geppetto, fone: 5555-55555.

PERSONAL TRAINING. Ofereço emprego de *personal training*. Faço as pessoas correrem com facilidade. Em pouco tempo, você estará em forma. Maiores informações, falar com Lobo Mau, muito mal, na Casa do Bosque ou deixar recado na Casa da Vovozinha. Fone: 5555-55555

OFERECEM-SE

Aulas de tricô e crochê. Tratar com Dona Benta. Telefone 5555-55555.

PROCURAM-SE

Esposas. Ofereço casa, comida e roupa lavada. Interessadas, falar com Barba Azul, na torre do Castelo Forte.

CLASSIFICADOS (Continuação)

PROCURA-SE

Um coelho azul de pelúcia com olelhas glandes. Quem achar deve entlegar pala mim; faz palte do meu plano secleto e infalível. Fale com o vegetal mascalado. Na Lua Tlinta e Tlês, númelo tleze. Fone: 5555-55555.

Emplesa que possa cliar ploduto pala higiene pessoal sem plecisar de banho. Ulgente. Não supolto mais o cheilo do meu amigo. Contatos com o mesmo vegetal do anúncio antelior.

Rato Timóteo procura elefante com orelhas grandes para trabalhar em circo. Horário de trabalho das 14h às 22h, com direito a horário de intervalo e refeições. Dormir no local. Interessados, procurar Circulus.

Aprenda a cozinhar e prenda seu amor pela boca

PRIMEIRA AULA

Preparo espaguete Au-Au-Au Dente, com molhos variados.
Para reservas, falar com Sr.ª Dama, a partir das 6h, ou com o Sr. Vagabundo, a partir do meio-dia.

Caderno
Na Real

Toda brincadeira tem um fundo de verdade

As notícias tratadas neste jornal são todas verdadeiras. A forma de contar é que faz de conta que foi assim. Por essa razão, você tem a seguir três pontos que consideramos importantes para que você conheça melhor as histórias. O primeiro situação apresenta as seções do jornal. Cada seção, bem como sua intenção comunicativa, está timidamente explicada no espaço a seguir. Em seguida, há os gêneros textuais, para que você tenha contato com os diferentes jeitos de contar uma história. Por fim, encontra-se a lista das histórias, dos trava-línguas, dos personagens de desenhos animados e das canções folclóricas que inspiraram a construção dos textos e propagandas deste jornal que, a bem da verdade, nem é tão urgente assim, mas um dia foi e, agora, já era. *Era uma vez e será assim para sempre. Fim!*

As seções do Jornal

Nos jornais, as histórias têm um destaque especial quando contadas numa determinada seção. Seção é o jeito mais fácil de selecionar o que vale a pena dentro de tudo aquilo que é importante no jornal.

Seção Policial: é onde mora o outro lado das histórias. Toda história tem um lado bom e um lado ruim, um mocinho e um bandido, um forte e um fraco. Na Seção Policial, a fama é garantida para os ferozes e malvados.

Seção Comportamento: é onde mora o lado sentimental das histórias. Toda história fala de emoções, que influenciam os pontos de vista das outras histórias. Na Seção Comportamento, a fama é garantida para o jeito que cada personagem tem de viver as emoções que existem.

Seção Atualidades: é onde mora o tempo das histórias. Toda história tem começo, meio e fim, que acontece numa determinada era, numa determinada vez. Na Seção Atualidades, a fama é garantida para o tempo que parece ser feito neste instante, mas já era.

Seção Saúde: é onde mora o lado cuidadoso das histórias. Toda história tem a preocupação de fazer um bem, causar um impacto, alertar, cuidar. Na Seção Saúde, a fama é garantida para as descobertas e aventuras em série que fazem os personagens melhorarem como protagonistas das suas histórias.

Seção Social: é onde mora o lado festeiro das histórias. Toda história tem um encontro, um ponto alto. Seja um baile, seja um concurso, há sempre um evento que envolve todos os personagens da história. Na Seção Social, a fama é garantida para a agenda dos personagens.

Seção Ciências e Tecnologia é onde mora o lado inovador das histórias. Toda história tem uma ideia que se torna assunto de pesquisa e estudo. Toda história tem a chave que abre as portas de um mundo curioso. Na Seção Ciências e Tecnologia, a fama é garantida para os estudos, as pesquisas, as estatísticas e as investigações que inventam um modo de pensar além da história.

Seção Economia: é onde mora o valor das histórias. Toda história tem valor que não pode ser contado, medido, quantificado, mas que deve ser valorizado. Na Seção Economia, a fama é garantida para os investimentos que os personagens fazem para chegar ao final feliz.

Seção Cultura: é onde mora o repertório das histórias. Toda história tem de ter um bom roteiro, um bom cenário, uma boa trama. Tem que encantar. Na Seção Cultura, a fama é garantida para a magia que todo o personagem precisa experimentar, conhecer e ver para crer.

Seção Esportes: é onde mora o lado competitivo das histórias. Toda história compete para ser a melhor. Para isso, seus personagens saltam, correm, treinam, dedicam-se para chegar antes no final feliz. Na Seção Esportes, a fama é garantida para os que entram no jogo.

Seção Diversão é onde mora o lado brincalhão das histórias. Toda história brinca e, brincando, do início ao fim, torna-se feliz para sempre. Na Seção Diversão, a fama é garantida para as travessuras.

Seção Classificados: é onde mora o querer das histórias. Toda história tem um personagem que precisa de uma coisa e outro que não precisa mais dessa coisa. Na Seção Classificados, a fama é garantida para as coisas de que se precisa ou não.

Seção Na Real: é onde mora a imaginação que torna as histórias reais. Toda história é uma verdade que pode ter acontecido, tanto na realidade quanto na fantasia. Em linguagem poética, seria como dizer que a Seção Na Real é a sala de espera das histórias. Em linguagem real, seria como dizer que essa seção é a referência bibliográfica, cuja fama é garantida para os endereços das histórias, os livros.

Gêneros textuais

Além de seções, um jornal também tem estilos de linguagem, ou seja, diferentes formas de contar uma história. No **Era uma vez: Urgente!**, você encontra:

NOTÍCIA

Notícia é quando um assunto interessante encontra muitos leitores interessados.

REPORTAGEM

Reportagem é quando temos uma notícia pela qual todos os leitores se interessam, entre todas as notícias. Em outras palavras, é quando a notícia tem o seu dia de glória.

MANCHETE

Manchete é o assunto das notícias. A notícia precisa de um assunto interessante para criar curiosidade no leitor.

ENTREVISTA

Entrevista é quando uma pessoa cheia de perguntas encontra alguém louco para dar respostas e, assim, deixar registrada a sua história para os leitores.

CRÔNICA

Crônica é quando alguém interessante pega tudo que está na sua cabeça e coloca no papel fazendo relações com as notícias. Um cronista é um poeta do cotidiano. As informações podem saltar da sua cabeça e mudar de notícia para literatura, porque, na cabeça das pessoas, as ideias pipocam.

Índice das histórias

*1 *Histórias:*
Os Três Porquinhos
Chapeuzinho Vermelho

*2 *Histórias:*
João e o Pé de Feijão
Branca de Neve e os Sete Anões
Cachinhos de Ouro

*3 *História:*
O Flautista de Hamelin

*4 *Histórias e Desenho Animado:*
O Patinho Feio
O Pato Donald, o Tio Patinhas e os
sobrinhos: Huguinho, Zezinho e Luizinho

*5 *História:*
O Gênio da Lâmpada
O Menino Maluquinho

*6 *Histórias:*
Elefante Dumbo

*7 *História e Canções Folclóricas:*
Pinóquio
A Barata Diz que Tem
Quem Quer Casar com a Dona Baratinha

*8 *Histórias:*
João e Maria
Pinóquio (personagem Grilo Falante)

*9 *Canções folclóricas, Trava-língua e História:*
Marcha Soldado
Pai Francisco Entrou na Roda
O Rato Roeu a Roupa do Rei de Roma
O Reizinho Mandão

*10 *Canções Folclóricas e História:*
Marcha Soldado
Ali-Babá e os 40 Ladrões

*11 *História e Canção folclórica:*
O Sapo que Virou Príncipe
O Sapo não Lava o Pé

*12 *Desenho Animado:*
Super-herói: o Homem Invisível

*13 *História:*
Festa no Céu

*14 *História:*
Cinderela

*15 *História:*
Dragão que Prendeu a Princesa (história polonesa)

*16 *Canção Folclórica:*
Terezinha de Jesus

*17 *Canções folclóricas:*
Ciranda, Cirandinha
O cravo Brigou com a Rosa
A Linda Rosa Juvenil
Se essa Rua Fosse Minha

*18 *História:*
A Bela Adormecida

*19 *História:*
Reinações de Narizinho, de Monteiro Lobato

*20 *Canção folclórica:*
Atirei o Pau no Gato

*21 *Canção folclórica:*
Peixe Vivo

*22 *Canção folclórica:*
Cai, Cai, Balão

*23 *História:*
Branca de Neve e os Sete Anões

*24 *Histórias:*
Aladim
Harry Potter

*25 *Canção Folclórica:*
A Formiguinha

*26 *História:*
A Bela e a Fera

*27 *História:*
A Moda Amarela

*28 *História:*
A Cigarra e a Formiga

*29 *História:*
A Princesa e o Grão de Ervilha

*30 *Animação e História:*
Os Incríveis
O Rei está Nu

*31 *História:*
O Castelo das 7 Portas

*32 *Canção folclórica:*
A Dona Aranha

*33 *História:*
A Lebre e a Tartaruga

Impressão: BSSCARD
Dezembro/2013